Eté 1912 Chemins de Fer PARIS-LYON-MÉDITERRANÉE Eté 1912

Excursions en Savoie

Chemin de fer à crémaillère d'Aix-les-Bains au Mont-Revard (altitude 1.545m)

Voir page 15

Photographie Brun, Aix-les-Bai

EXCURSIONS PITTORESQUES

La Savoie attire de plus en plus alpinistes, touristes, baigneurs, amateurs de villégiatures, cyclistes et automobilistes par la magnificence de ses vallées tantôt gracieuses, tantôt d'une sauvage grandeur ; par la majesté de ses Alpes et de leurs glaciers étincelants.

Afin de faciliter la visite de cette admirable contrée et aider le touriste à se rendre à son point de villégiature préféré, la Compagnie P.-L.-M. a organisé un réseau de services de correspondance avec voitures automobiles et voitures à chevaux offrant le plus grand confortable qui, du 1er juillet au 15 septembre, ne cessent de sillonner les routes les plus pittoresques de la Savoie et de la Haute-Savoie.

Pour se rendre en Savoie, le touriste peut combiner un voyage circulaire établi à son gré, soit qu'il n'emprunte que le réseau P.-L.-M., soit qu'il vienne d'un des grands réseaux français. Il pourra aussi pour la visiter, utiliser des billets circulaires combinés entre les services de chemins de fer, tramways, bateaux, auto-cars et voitures de correspondance.

Ces billets sont en vente dans les gares de Chambéry, d'Aix-les-Bains, d'Annecy, etc., et dans les bureaux des Syndicats d'Initiative suivants :

Chambéry : Place Octogone, 14.

Aix-les-Bains : Place de la Mairie (English Spoken).

Annecy : Rue du Pâquier.

Certaines localités telles que : Saint-Gervais-les-Bains, Sallanches, Cluses, Talloires, Menthon, Servoz, Thônes, La Clusaz, les Aravis, Flumet, Mégève, Faverges, etc., etc., situées sur le parcours des voyages à itinéraires fixes mentionnés à la page 11 du présent prospectus, sont à la fois des centres d'excursions et des séjours des plus agréables pour les familles.

Consulter pour plus amples renseignements :

Le Livret Guide Horaire du P.-L.-M., en vente dans les bibliothèques des gares. ... . Prix .. 0 fr. 50

Dépliant-Carte avec relief « Dauphiné-Savoie », édité par la Compagnie P.-L.-M.. ... . 1 fr. »

Le Guide Joanne (édition Diamant) .... 6 fr. »

Et les Livrets-Guides des Syndicats d'Initiative de la Savoie et d'Annecy distribués gratuitement aux bureaux des Syndicats:

Chambéry: Place Octogone, 14;

Aix-les-Bains: Place de la Mairie;

Annecy: Rue du Pâquier.

Des renseignements gratuits sont donnés aux étrangers dans toutes les gares de la région, chez les entrepreneurs des services de correspondance et aux bureaux des Syndicats d'Initiative, des tramways et des bateaux.

CHEMINS DE FER
PARIS-LYON-MÉDITERRANÉE

EXCURSIONS
· EN SAVOIE ·

SERVICES D'AUTOMOBILES
ET DE VOITURES

CORRESPONDANCES DES
CHEMINS DE FER P.-L.-M.

IMPRIMERIE A. GÉRENTE
AIX-LES-BAINS

ÉTÉ 1912

LA ROUTE DES ALPES

Le 1er juillet 1911 recommencera à fonctionner le service automobile de la **ROUTE DES ALPES,** qui relie, depuis l'année dernière, les régions les plus montagneuses de la Haute-Savoie, de la Savoie, des Hautes et Basses-Alpes avec la Côte d'Azur.

Ce service, qui sera assuré jusqu'au 15 septembre et qui continuera à être exécuté les années suivantes pendant la même période de temps, partira d'Evian-les-Bains, passera à Thonon-les-Bains, franchira le Col des Gets (1172 mètres) pour reprendre par le Col de Châtillon (832 mètres) la vallée de l'Arve à Cluses, où il correspondra avec le service automobile de la Chartreuse du Reposoir (1024 mètres). Du Fayet-Saint-Gervais il gagnera Mégève (1125 mètres) et, à Flumet (917 mètres), gravira les nombreux lacets de la superbe route du Col des Aravis (1500 mètres — Chalet-Restaurant) d'où l'on jouit d'une très belle vue sur le Mont-Blanc. — A Thônes, le voyageur se rendra à Annecy par le Tramway et à Aix-les-Bains, Chambéry et Saint-Jean-de-Maurienne, par le chemin de fer.

Le touriste aura aussi la faculté, au lieu de passer par le Col des Aravis, de continuer en automobile, de Flumet à Albertville où il empruntera la ligne du P.-L.-M. jusqu'à Saint-Jean-de-Maurienne.

Le service automobile, que l'on reprend à cette gare, suit la vallée de l'Arc jusqu'à Saint-Michel-de-Maurienne, monte la route qui conduit à Valloires et au Col du Galibier (2658 mètres), redescend sur le Lautaret (2075 mètres) et atteint Briançon (1203 mètres) par la vallée de la Guisane.

De Briançon, franchissant le Col d'Izoard (2400 mètres), il passe à Guillestre, remonte le col de Vars (2115 mètres) et suit la vallée de l'Ubaye jusqu'à Barcelonnette (1130 mètres).

Enfin, de Barcelonnette, le voyageur atteindra Nice par le Col d'Allos (2250 mètres), Beauvezer (1150 mètres), la Colle Saint-Michel et Puget-Théniers.

Le parcours entier d'Evian à Nice peut s'effectuer en cinq étapes d'une journée ; mais beaucoup, sans doute, voudront s'arrêter en route, s'écarter à droite et à gauche pour mieux voir, et ceux-là ne le regretteront pas.

Cette excursion unique laissera à tous d'inoubliables souvenirs par la succession de paysages de tout premier ordre, mais d'une beauté toujours différente. La nature, pour qui sait la comprendre et en pénétrer l'harmonie, ne se répète jamais ; mais, nulle part peut-être, elle ne se montre avec plus d'éclat que dans cette course féerique où l'on voit se succéder, des eaux bleues du Léman aux eaux bleues de la Méditerranée, tous les aspects des Grandes Alpes.

Services d'Automobiles et de Voitures

ÉTÉ 1912

ROUTE DES ALPES

1. — **Evian-les-Bains** au **Fayet-Saint-Gervais**

par le Col des Gets et le Col de Châtillon

En **voiture automobile** du 1er juillet au 15 septembre

	mat.	Prix
Evian-les-Bains (Mairie) *dép.*	8 »	
Amphion-les-Bains....	8 10	1 »
Thonon-les-Bains (gare).	8 30	2 50
Pont-de-Bioge	9 10	4 50
Le Jotty (Pont-du-Diable)..	9 25	5 »
Route du Biot.	9 30	5 50
Saint-Jean-d'Aulph....	9 45	6 50
Route de Morzine.....	10 05	7 »
Les Gets	10 30	8 50
Taninges	11 05	11 »
Col de Châtillon......	11 15	12 »
Cluses (1). *arr*.......	11 35	13 50
Cluses (1). *dép*	12 30	
Sallanches..........	13 20	17 50
Le Fayet-St-Gervais *(arr.*	13 40	20 »
P.-L.-M. Le Fayet St-Gervais. *(dép.*	14 05	
P.-L.-M. Chamonix ... *(arr.*	15 08	

	soir	Prix
Le Fayet-St-Gervais *(dép.*	14 00	
Sallanches...........	14 20	2 50
Cluses (1)...........	15 10	6 50
Col de Châtillon......	15 40	8 »
Taninges	15 50	9 »
Les Gets	16 35	11 50
Route de Morzine.....	16 50	13 »
Saint-Jean-d'Aulph....	17 10	13 50
Route du Biot	17 30	14 50
Le Jotty (Pont-du-Diable)..	17 40	15 »
Pont-de-Bioge........	17 50	15 50
Thonon-les-Bains (gare).	18 25	17 50
Amphion-les-Bains.. .	18 40	19 »
Evian-les-Bains. *(arr.*	19 »	20 »
P.-L.-M. pour Annemasse. *dép.*	19 06	
P.-L.-M. Genève-Paris.... *dép.*	21 01	

(1) Point de raccordement avec le service automobile pour la **Chartreuse du Reposoir**. Voir service n° 5.

2. — **Le Fayet-Saint-Gervais** à **Albertville**

par les Gorges de l'Arly

En **voiture automobile** du 1er juillet au 15 septembre

	soir	Prix
Le Fayet-St-Gervais. *(dép.*	15 25	
St-Gervais-les-Bains...	15 45	1 50
Route de Sallanches (Combloux).	16 05	3 50
Mégève	16 20	4 50
Flumet... *arr*.......	16 50	8 »
Flumet... *dép*.......	17 05	
Ugine	17 55	12 »
Albertville (gare). *(arr.*	18 25	14 »

	mat.	Prix
Albertville (gare) *(dép.*	8 20	
Ugine	8 50	2 »
Flumet... *arr*.......	9 35	6 »
Flumet... *dép*.......	9 40	
Mégève..............	10 15	9 50
Route de Sallanches (Combloux).	10 25	10 50
St-Gervais-les-Bains...	10 55	12 50
Le Fayet-St-Gervais. *(arr.*	11 15	14 »

ROUTE DES ALPES

3. — Le Fayet-Saint-Gervais à Thônes

par le Col des Aravis (altitude : 1,500 mètres)
et les Gorges de l'Arondine

En voiture automobile du 1er juillet au 15 septembre

	mat.	(A) soir	Prix
Le Fayet-St-Gervais *dép*	9 05	13 50	
St-Gervais-les-Bains	9 25	14 10	1 50
Route de Sallanches (Combloux)	9 50	14 30	3 50
Mégève	10 »	14 40	4 50
Flumet... *arr.*	10 30	15 15	8 »
Flumet... *dép.*	10 35	15 20	
La Giettaz	11 10	15 55	9 50
Col des Aravis. *arr.*	11 50	16 35	12 »
Col des Aravis. *dép.*	13 »	16 40	
La Clusaz	13 30	17 10	14 »
St-Jean-de-Sixt	13 40	17 20	14 50
Les Villars	13 50	17 30	15 25
Thônes..... *arr.*	14 10	17 50	16 »

	(A) mat.	soir	Prix
Thônes...... *dép.*	10 10	14 40	
Les Villards	10 30	15 »	1 »
St-Jean de-Sixt	10 40	15 10	2 »
La Clusaz	10 50	15 20	3 »
Col des Aravis. *arr.*	11 30	16 »	5 »
Col des Aravis. *dép.*	12 35	16 05	
La Giettaz	13 05	16 35	6 50
Flumet... *arr.*	13 30	16 55	8 »
Flumet... *dép.*	13 35	17 »	
Mégève	14 10	17 35	11 50
Route de Sallanches (Combloux)	14 20	17 45	12 50
St-Gervais-les-Bains	14 45	18 10	14 50
Le Fayet-St-Gervais *arr.*	15 05	18 25	16 »

(A) Ce service fonctionne du 13 juillet au 31 août seulement.

4. — Saint-Jean-de-Maurienne au Lautaret

par le Col du Galibier (altit. 2,658 m.)

En voiture automobile du 1er juillet au 15 septembre

	mat.	Prix
St-Jean-de-Maurienne *dép.*	9 05	
Saint-Michel... *arr.*	9 30	3 »
Saint-Michel... *dép.*	9 32	
Valloire....... *arr.*	10 30	9 »
Valloire....... *dép.*	10 32	
Bonnenuit	10 50	12 »
Col du Galibier. *arr.*	11 55	19 »
Col du Galibier. *dép.*	12 »	
Le Lautaret..... *arr.*	12 30	23 »

	soir	Prix
Le Lautaret..... *dép.*	14 15	
Col du Galibier. *arr.*	15 05	6 »
Col du Galibier. *dép.*	15 10	
Bonnenuit	15 50	13 »
Valloire....... *arr.*	16 10	16 »
Valloire....... *dép.*	16 20	
Saint-Michel.... *arr.*	17 20	20 »
Saint-Michel.... *dép.*	17 30	
St-Jean-de-Maurienne *arr.*	18 »	23 »

LE REPOSOIR

5. Cluses à La Chartreuse du Reposoir (alt. 1,024 m.)

par les Gorges du Foron

En **voiture automobile** du 1er juillet au 15 septembre

	mat.	soir	soir	Prix
Cluses.. *dép.*	10 57	14 47	18 25	
Chartreuse-du-Reposoir *arr.*	11 27	15 17	18 55	5 »

	mat.	soir	soir	Prix
Chartreuse-du-Reposoir *dép.*	8 54	13 28	16 19	
Cluses.. *arr.*	9 24	13 58	16 49	5 »

Station thermale du Fayet-Saint-Gervais

6. — Le Fayet-St-Gervais à St-Gervais-les-Bains

En **voiture à chevaux** du 1er juillet au 30 septembre

	mat.	mat.	soir	Prix
Le Fayet-St-Gervais. dép.	7 47	9 53	17 57	
St-Gervais-les-Bains. arr.	8 37	10 43	18 47	1 25

	mat.	mat.	soir	Prix
St-Gervais-les-Bains. dép.	8 20	9 40	16 10	
Le Fayet-St-Gervais. arr.	8 40	10 00	16 30	1 25

LA TARENTAISE

7. — Albertville à Beaufort-sur-Doron

par la vallée du Doron

En **voiture automobile** du 1er juin au 15 septembre

	mat.	soir	Prix
Albertville... *dép.*	8 45	16 30	
Queige...........	9 40	17 15	1 50
Villard-sur-Doron	10 05	17 50	2 50
Beaufort-sur-Doron *arr.*	10 15	18 00	3 »

	mat.	soir	Prix
Beaufort-sur-Doron *dép.*	5 30	14 30	
Villard-sur-Doron	5 45	14 45	0 50
Queige...........	6 20	15 15	1 50
Albertville... *arr.*	7 00	16 00	3 »

8. — Moutiers-Salins à Pralognan (Alt. 1.400 m.)

En **voiture automobile** du 15 juin au 15 septembre

	mat.	soir (A)	Prix
Moutiers-Salins *dép.*	9 43	14 19	
Brides-les-Bains..	10 13	14 49	1 50
Bozel............	10 58	15 34	3 »
Villard..........	11 08	15 44	4 »
Planay...........	11 28	16 04	6 »
Pralognan... *arr.*	11 58	16 34	8 »

	mat. (A)	soir	Prix
Pralognan... *dép.*	9 00	14 45	
Planay...........	9 30	15 15	2 »
Villard..........	9 50	15 35	4 »
Bozel............	10 00	15 45	5 »
Brides-les-Bains..	10 30	16 15	6 50
Moutiers-Salins *arr.*	11 00	16 45	8 »

(A) Ce service fonctionne du 10 juillet au 31 août seulement.

9. — Moutiers-Salins à Bourg-Saint-Maurice

En **voiture automobile** du 1er juin au 30 septembre

	mat.	Prix		soir	Prix
Moutiers-Salins.. *dép.*	9 45		Bourg-St-Maurice *dép.*	15 15	
Aime..............	10 45	3 »	Aime................	16 »	3 »
Bourg-St-Maurice *arr.*	12 00	6 »	Moutiers-Salins.. *arr.*	17 »	6 »

En **voiture à chevaux** du 1er mai au 31 octobre

	soir	soir	Prix		mat.	mat.	Prix
Moutiers-Salins...	14 15	19 42		Bourg-St-Maurice	3 30	7 30	
Aime............	16 15	21 42	2 »	Aime..........	5 15	9 15	2 »
Bourg-St-Maurice.	18 15	23 42	4 »	Moutiers-Salins..	7 00	10 45	4 »

10. Moutiers-Salins à l'Hospice du Petit-St-Bernard

(Altitude 2188 mètres)

à Courmayeur et à Aoste

En **voiture automobile** du 10 juillet au 15 septembre

		mat.	PRIX
Moutiers-Salins... *dép.*		7 10	
Bourg-Saint-Maurice....		8 15	10 fr.
Belvédère (hôtel)		9 35	13 »
Hospice du Petit-Saint-Bernard......... *arr.*		11 00	20 »
Hospice du Petit-Saint-Bernard........	heure de l'Europe centrale	dép. 15 »	
Pré-St-Didier ..		... 17 »	28 »
Courmayeur ...		... 17 30	30 »
Aoste.........		arr. 18 30	34 »

		soir	PRIX
Aoste.........	heure de l'Europe centrale	dép. 17 »	
Courmayeur...		arr. 19 »	10 fr.
		mat.	
		dép. 7 50	
Pré-St-Didier ..		... 8 10	8 »
Hospice du Petit-Saint-Bernard........		arr. 10 »	20 »
		soir	
Hospice du Petit-Saint-Bernard......... *dép.*		14 05	
Belvédère (hôtel)		15 »	25 »
Bourg-Saint-Maurice....		15 45	30 »
Moutiers-Salins... *arr.*		17 05	35 »

11. Moutiers-Salins à Saint-Jean-de-Belleville

(Altitude 1030 mètres)

En **voitures à chevaux** — Ce service fonctionne toute l'année

	mat.	PRIX		soir	PRIX
Moutiers-Salins... *dép.*	9 30		St-Jean-de-Belleville *dép.*	15 30	
St-Jean-de-Belleville *arr.*	12 »	2 fr.	Moutiers-Salins... *arr.*	17 »	1 50

LES BAUGES

12. Aix-les-Bains — Le Châtelard

En **voiture automobile.** — Ce service fonctionne toute l'année

	mat.	soir	Prix
Aix-les-Bains *dép.*	7 00	17 00	
Saint-Ours........	7 45	17 45	1 65
Cusy..........	7 55	17 55	2 »
Les Grottes de Bange	8 20	18 20	2 70
Lescheraines....	8 35	18 35	3 50
Le Châtelard *arr.*	9 15	19 15	4 »

	mat.	soir	Prix
Le Châtelard *dép.*	4 45	14 30	
Lescheraines......	5 10	14 57	0 50
Les Grottes de Bange	5 25	15 12	1 30
Cusy............	5 45	15 32	2 »
Saint-Ours........	5 55	15 42	2 35
Aix-les-Bains *arr.*	6 45	16 30	4 »

LA MAURIENNE

13. Modane à Lanslebourg (altit. 1,400 m.)

En **voiture automobile** (ce service fonctionne toute l'année)

	mat.	soir	Prix
Modane..... *dép.*	6 00	14 30	
Termignon......	7 15	15 45	2 30
Lanslebourg. *arr.*	7 40	16 10	3 00

	mat.	mat.	Prix
Lanslebourg. *dép.*	6 50	10 »	
Termignon.......	7 10	10 20	0 70
Modane..... *arr.*	8 25	11 35	3 00

14. Modane à l'Hospice du Mont-Cenis (alt. 2,084 m.) et Suse

En **voiture automobile** du 1er juillet au 15 septembre

		mat.	Prix
Modane..........	*dép.*	10 »	
Termignon.........		10 58	4 »
Lanslebourg.....	*arr.*	11 30	5 »
	dép.	11 35	
Hospice du Mont-Cenis.........	*arr.*	12 30	10 »
Hospice du Mt-Cenis (Heure de l'Europe Centrale)	*dép.*	15 30	
Suse...	*arr.*	17 »	13 »

		mat.	Prix
Suse... (Heure de l'Europe Centrale)	*dép.*	7 30	
Hospice du Mt-Cenis	*arr.*	9 30	6 »
		soir	
Hospice du Mont-Cenis...	*dép.*	16 30	
Lanslebourg.....	*arr.*	17 10	11 »
	dép.	17 15	
Termignon...........		17 30	12 »
Modane...........	*arr.*	18 15	16 »

VAL DU FIER

15. Rumilly à Seyssel-Corbonod

En **voiture à chevaux** (du 1er juin au 15 octobre)

	soir	Prix
Rumilly......... *dép.*	13 45	
Vallières..............	14 10	0 75
Sion...................	14 25	1 »
Saint-André..........	14 35	1 25
Seyssel-Corbonod *arr.*	16 »	2 50

	soir	Prix
Seyssel-Corbonod *dép.*	17 20	
Saint-André..........	18 35	1 25
Sion..............	18 45	1 50
Vallières............	19 00	1 75
Rumilly........ *arr.*	19 35	2 50

MASSIF DE LA GRANDE-CHARTREUSE

16. — Aix-les-Bains à Grenoble

par les **Cols du Frêne** (1164m) **du Cucheron** (1080m) **de Porte** (1354)

En **voiture automobile** du 15 juin au 15 septembre

		mat.	Prix
Aix-les-Bains ...	*dép.*	9 »	
Chambéry	*arr.*	9 30	5 »
	dép.	9 40	
St-Pierre-d'Entremont...	*arr.*	11 »	13 »
	dép.	11 05	
St-Pierre-de-Chartreuse..	*arr.*	11 50	16 »
	dép.	15 05	
Le Sappey.............		15 50	21 50
Grenoble........	*arr.*	16 45	25 »

		mat.	Prix
Grenoble........	*dép.*	9 30	
Le Sapey..............		10 30	3 50
St-Pierre-de-Chartreuse..	*arr.*	11 25	7 »
	dép.	15 05	
St-Pierre-d'Entremont ..	*arr.*	15 50	12 »
	dép.	15 55	
Chambéry.......	*arr.*	17 40	20 »
	dép.	17 50	
Aix-les-Bains....	*arr.*	18 20	25 ».

17. Saint-Laurent-du-Pont à la Grande-Chartreuse

par le Désert

En **voiture automobile** { A du 1er juin au 30 septembre. B du 1er juillet au 15 septembre.

		(A) mat.	(A) mat.	(B) soir	Prix
St-Laurent-du-Pont.	dép.	8 30	11 »	14 »	
Gde-Chartreuse	arr.	9 10	11 40	14 40	3 50

		(A) mat.	(A) soir	(B) soir	Prix
Gde-Chartreusé	dép.	9 20	13 »	16 »	
St-Laurent-du-Pont.	arr.	10 »	13 40	16 40	3 50

St-Laurent-du-Pont à St-Pierre-de-Chartreuse

par le Désert

En **voiture automobile** { A du 1er juin au 30 septembre. B du 1er juillet au 15 septembre.

	(A) mat.	(A) mat.	(B) soir	(A) soir	Prix
Saint-Laurent-du-Pont... dép.	8 30	11 »	14 »	18 10	
Saint-Pierre-de-Chartreuse. arr.	9 10	11 40	14 40	18 50	3 50

	(A) mat.	(A) mat.	(A) soir	(B) soir	Prix
Saint-Pierre-de-Chartreuse. dép.	7 20	9 20	13 »	16 »	
Saint-Laurent-du-Pont... arr.	8 »	10 »	13 40	16 40	3 50

Courses à dos de Mulets ou d'Anes

1° Au départ de Chamonix

Bureau des Guides (à la Mairie)

	PRIX avec conductr
Course au Glacier des Bossons	6 f.
Course au Chapeau	6
Glacier d'Argentière ou à Tréléchant	6
Le Montanvers	6
Le Montanvers (descente au bord du Glacier)	7
Montanvers, traversée de la Mer de Glace et descente sur le Chapeau	9
La Flégère	7
La Flégère, traversée à Planpraz	9
La Flégère, traversée à Planpraz et le Brévent	12
Le Brévent, Chalet de Bel-Achat	8
Le Brévant, par Planpraz	10
Course à Pierre-Pointue	8
Pavillon de Belle-Vue au Col de Voza ou le Prairion	9
Le Montanvers, la Mer de Glace, le Chapeau, la Flégère, descente à Chamonix	12

(Aucun tarif à l'heure)

2° Au départ d'Argentières

S'adresser à M. Gustave Simond, à Argentières

	PRIX avec conductr
Course à la Cascade de Bérard	6
Course à Lognan	6
Course au Col de la Balme	9
La même, retour par la Tête-Noire (1 jour)	10
Course à la Flégère	7
Course au Montanvers par le Chapeau	9

(Aucun tarif à l'heure)

3° au départ de St-Gervais-les-Bains

Syndicat des Guides de St-Gervais

	PRIX avec conductr
Pavillon Prarion	6
Col de la Forclaz	6
Col de Voza	6
Pavillon Tré-la-Tête	10
Pavillon Charousse	5
Glacier de Bionasset	8
Pavillon du Mont-Joly	6
Cime du Mont-Joly	8
Megève par le Mont-Joly	12

A l'heure : 4 francs

4° Au départ de Modane

Hôtel International (E. Montaz)

	PRIX avec conductr
Charmaix	6 f.
Polset	8
Fort du Sappey	8
Orgères	10
Col de Fréjus	16

A l'heure : 2 fr. 50

5° Au départ de Termignon

Hôtel Claraz

	PRIX avec conductr
Col de Chavière	8
Entre-deux-Eaux	12
Col de la Vanoise (Refuge Félix-Faure)	16
Pralognan, par le Col de la Vanoise	25

A l'heure : 2 fr. 50

6° Au départ de Lanslebourg

Hôtel Valloire (Bordier)

	PRIX avec conductr
Replat des Canons	6
Grand Roc Noir	8
Turra de Termignon	8
Turra — Pas de la Beccia	8 et 10
Mont-Froid — Col de Sollières	12
Chalet Félix-Faure (Col de la Vanoise)	20
Pralognan, par le Col de la Vanoise	30

A l'heure : 2 fr. 50

7° Au départ de Bonneval-sur-Arc

Chalet-Hôtel du Club Alpin

	PRIX avec conductr
Val-d'Isère par le Col de l'Iseran	15
Col de l'Iseran (2769m)	8
Source inférieure de l'Arc	7

A l'heure : 2 fr. 50

8° Au départ de Pralognan

S'adresser au bureau du service de la correspondance des Chemins de fer P.-L.-M, à Pralognan

	PRIX avec conductr
Col de la Vanoise	10
id. (aller et retour)	12
Chalet d'Entre-deux-Eaux (Route de Termignon)	15
Chalet de Chavière (Route de Termignon)	20
Termignon ou Lanslebourg (2 jours)	30
Termignon avec billets circulaires AG., AH., AI	15
Gorges de Ballandaz	8

A l'heure : 1re heure, 3 fr. Ensuite, 2 f.

Retenir les montures à l'avance aux endroits indiqués dans chaque localité

VOYAGES CIRCULAIRES A ITINÉRAIRES FACULTATIFS

et à coupons combinables sur le réseau P.-L.-M.

Il est délivré toute l'année, dans toutes les gares du réseau P.-L.-M. des carnets individuels ou de famille pour effectuer sur ce réseau en 1re, 2e et 3e classes, des voyages circulaires à itinéraire tracé par les voyageurs eux-mêmes avec parcours totaux d'au moins 300 kilomètres. Les prix de ces carnets comportent des **réductions très importantes** qui peuvent atteindre, pour les carnets de famille, **50 0/0** du Tarif général.

La **validité** de ces carnets est de **30 jours** jusqu'à 1,500 kilomètres; **45 jours** de 1,501 à 3,000 kilomètres ; **60 jours** pour plus de 3,000 kilomètres.

Faculté de prolongation, à deux reprises, de 15, 23 ou 30 jours, suivant le cas, moyennant le payement d'un supplément égal à 10 0/0 du prix total du carnet pour chaque prolongation.

Arrêts facultatifs à toutes les gares situées sur l'itinéraire.

Pour se procurer un carnet individuel ou de famille, il suffit de tracer sur une carte qui est délivrée gratuitement dans les gares P.-L.-M., bureaux de ville et agences de Voyages, le voyage à effectuer, et d'envoyer cette carte 5 jours avant le départ, à la gare où le voyage doit être commencé, en joignant à cet envoi une consignation de 10 francs.

Le délai de demande est réduit à 2 jours (dimanches et fêtes non compris) pour certaines grandes gares.

VOYAGES CIRCULAIRES à ITINÉRAIRES FIXES (Voir exemples page suivante)

Les billets de voyages circulaires sont délivrés pendant toute l'année, à l'exception des billets de voyages ci-après, dont l'émission a lieu savoir :

Nos **26, 28, 29, 30, 103 AA,** du 1er juillet au 15 septembre ;

Nos **31, 32,** du 1er juin au 30 septembre ;

L, du 1er juin au 15 octobre ;

No **102,** du 15 mai au 30 octobre ;

Les billets de voyages circulaires à itinéraires fixes sont délivrés à première demande, savoir :

No **26**, dans les gares de Genève E. V., Annecy, Thonon-les-Bains.

No **28**, dans les gares de Genève E. V., Annecy, Aix-les-Bains, Albertville et Thonon-les-Bains.

No **29**, dans les gares de Genève (Cornavin et E. V.), Thonon-les-Bains, Annecy, Aix-les-Bains, Saint-Béron, Grenoble, Albertville.

No **30**, dans les gares d'Annecy et Chamonix.

No **31**, dans les gares de Grenoble, Pontcharra-sur-Bréda, Chambéry, Aix-les-Bains, Saint-Béron.

No **32**, dans les gares de Genève (Cornavin et E. V.), Thonon-les-Bains, Annecy, Aix-les-Bains, Albertville, Grenoble, Saint-Béron.

L, dans les gares d'Aix-les-Bains, Culoz, Chambéry.

AA, dans la gare d'Annecy.

No **102**, dans les gares de Genève E. V., Thonon, Evian, Chamonix.

No **103**, dans les gares de Lyon-Perrache, Genève (Cornavin et E. V.), Thonon-les-Bains, Evian, Chamonix. Annecy, Aix-les-Bains, Grenoble, St-Béron.

Toutes les autres gares P.-L.-M. situées ou non sur l'itinéraire à parcourir délivrent également ces billets, mais à la condition que la demande leur en soit faite quarante-huit heures au moins à l'avance.

Nota. — La plupart des voyages circulaires indiqués ci-dessus sont également délivrés au bureau des Syndicats d'Initiative de la Savoie : à Chambéry, place Octogone, 14 ; à Aix-les-Bains, place de la Mairie; à Annecy, rue du Pâquier.

VOYAGE 26 — *Validité 15 jours*
1re cl., 35 fr.; 2e cl., 27 fr.; 3e cl., 24 fr.

VOYAGE 28 — *Validité 15 jours*
1re cl., 41 fr.; 2e cl., 31 fr.; 3e cl., 27 fr.

VOYAGE 30 — *Validité : 15 jours*
1e cl., 31 fr.; 2e cl., 25 fr.; 3e cl., 22 fr.

ITINÉRAIRE AA
Validité : 8 jours
1e cl., 18 fr. 40; 2e cl., 17 fr. 05; 3e cl., 15 fr. 50

VOYAGE 102 — *Validité : 15 jours*
1e cl., 68 fr.; 2e cl., 57 fr.; 3e cl., 37 fr. 15

VOYAGE 103 — *Validité : 30 jours*
1e cl., 82 fr. 70; 2e cl., 67 fr. 10; 3e cl., 53 fr. 30

Tracé du voyage. Parcours : facultatif ; par voitures ; par automobiles ; facultatif par bateaux

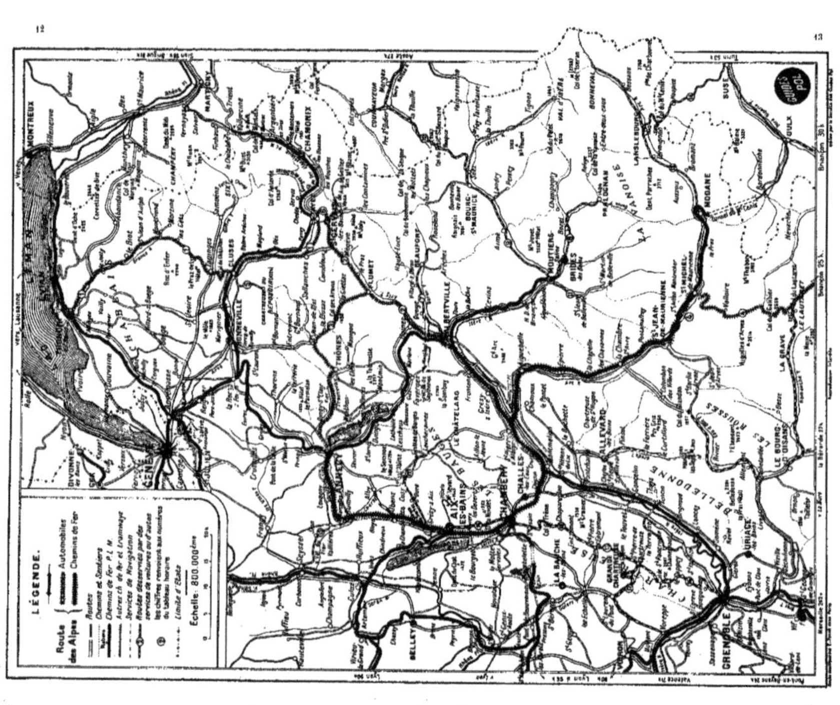
LÉGENDE.
Route des Alpes
Automobiles
Chemins de Fer
Routes
Chemins et Sentiers
Chemins de Fer P. L. M.
Autres ch. de fer et tramways
Services de Navigation
Routes desservies par des services de voitures ou d'autos
les chiffres renvoient aux numéros du tableau horaire
Limite d'États
Échelle : 800.000ème
0
5
10
15
20k
GENÈVE
CHAMONIX
ANNECY
AIX-LES-BAINS
CHAMBÉRY
GRENOBLE
MODANE
ALBERTVILLE
ALLEVARD
URIAGE
LA GRAVE
SUSE
OULX
LA VANOISE
BELLEDONNE
DIVONNE les Bains
GEX
MONTREUX
MARTIGNY
THONES
BOURG-St MAURICE
MOUTIERS
St JEAN-DE-MAURIENNE

Correspondance Compagnie P.-L.-M.

BERNARD FRÈRES

MOUTIERS Téléph. 9 — **BRIDES-LES-BAINS** — **BOURG-SAINT-MAURICE** Téléph. 13

Entreprise générale de Transports ◆◆◆ **Camionnage**
Location d'automobiles ◆◆◆ **Services automobiles**

TRAMWAY ÉLECTRIQUE DE MOUTIERS A BRIDES-LES-BAINS

Tous les jours, du 10 juillet au 15 septembre
Service automobile entre Bourg-St-Maurice et Val d'Isère, par Ste-Foy et Tignes

SERVICES RÉGULIERS
de Moutiers à Brides, Bozel, St-Bon, Pralognan, Bourg-St-Maurice
Le Petit-Saint-Bernard — Correspondance sur Val-d'Isère

Adresse télégraphique : **Bernard Frères, Moutiers**

Saint-Jean-de-Maurienne

English spoken

HOTEL DE LA GARE

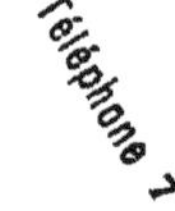

CAFÉ ◆◆◆ **RESTAURANT** ◆◆◆ **TABAC**

Table d'Hôte — Service à toute heure, à la carte et à prix fixe
Didot-Bottin - Auto-garage - Service de Correspondance avec le P.-L.-M.
ARRÊT DES CARS ALPINS
E. GIRARD, propre. — **A. BRET**, successeur, membre du T.-C.-F. et du C.-A.-F.

SAINT-MICHEL-DE-MAURIENNE (Savoie)

Grand Hôtel des Alpes et de l'Union

Tenu par JEAN RICHARD, propriétaire

Membre du Club Alpin et Touring-Club. — Hôtel tout neuf, ouvert toute l'année. — A 40 mètres de la gare. — Bureau de voiture du Galibier ; assure les places pour la correspondance du Galibier. — Salles de bains et douches.

30 chambres - Piano - Salle de lecture - Salon pour familles - Jardin d'agrément
Remise, Ecurie, Garage pour Automobiles et Bicyclettes

Nota. — Les touristes venant du Lautaret ont, en arrivant à St-Michel-de-Maurienne, le temps nécessaire pour y prendre le repas du soir avant de partir pour les directions de Modane ou de Chambéry.

Cars alpins partant de la gare de Thônes (Hte-Savoie)

www.ingramcontent.com/pod-product-compliance
Ingram Content Group UK Ltd.
Pitfield, Milton Keynes, MK11 3LW, UK
UKHW020539230726
13925UKWH00006B/2365

9 782013 633444